Puentes de sueños

Un viaje de esperanza y triunfo en nuevas tierras

Jaime Guevara

Dedicatoria

Para mis queridos lectores, que insuflan vida a estas páginas y dan a mis palabras la oportunidad y el poder de cambiar el mundo.

A mi esposa, hijos, nietos, y a través de todas las generaciones del tiempo, gracias por dejar que este libro os inspire para superar los retos y triunfar en la vida.

Agradecimiento

Ante todo, alabanza y agradecimiento a mi Padre Celestial, el Todopoderoso, por sus lluvias de bendiciones a lo largo del desarrollo de mi libro hasta su finalización. Quiero agradecer infinitamente a mi Padre Celestial, que me inspiró y guió a través del Espíritu Santo para escribir este libro y compartirlo con todas las personas del mundo. Durante años, quise ser el autor de mi propio libro y compartir mis éxitos, desafíos y superación constante de las dificultades de la vida para lograr algo mejor para mi bienestar personal y familiar.

Al compartir este libro, quiero inspirar, motivar y animar a la gente para que podamos ser una familia feliz y autosuficiente y poder cambiar el mundo con acciones de paz, armonía, amor y respeto mutuo.

Quiero dar las gracias al amor de mi vida, Fortu Guevara, mi esposa, que ha sido una de mis mayores inspiraciones para hacer este libro y me ha apoyado tanto emocional y económicamente a lo largo de todos estos años desde que llegó a EEUU.

Siempre supe que creías en mí y me dejabas pasar más tiempo haciendo mi libro mientras limpiabas la casa, preparabas mi comida, lavabas mi ropa, comprabas comida y hacías otras cosas en la casa mientras yo trabajaba en mi libro con ideas, detalles, borradores y grabaciones.

Quiero dar las gracias a mis hijos, Lila y Nefi Guevara, por formar parte de este libro. Compartieron conmigo sus experiencias educativas y las fotos de sus graduaciones de la universidad y obedecieron los consejos de sus padres basándose en nuestro ejemplo. Además, quiero que mis hijos sepan que son mi mayor logro. Los admiro y adoro a ambos.

Quiero agradecer a mi padre, Máximo Guevara, quien sembró la semilla del conocimiento en mi mente y la alimentó con su extraordinario ejemplo de estudiar, trabajar y lograr un título universitario que nos abrió las puertas a grandes oportunidades económicas y sociales para el bienestar de nosotros, sus hijos, y de toda la familia.

Quiero agradecer a mi madre, Gumercinda Bocanegra de Guevara, por ser un ejemplo extraordinario y magistral con altos valores morales y espirituales. Mi madre merece un gran reconocimiento por animarme y motivarme siempre a dar lo mejor de mí en la vida. Su empuje y determinación para hacer del mundo un lugar mejor son contagiosos. La quiero mucho.

Sobre el Autor

La vida de Jaime Guevara es una historia de resiliencia, legado familiar y el poder transformador de la educación. Nacido en 1968 en Lima (Perú), su trayectoria estuvo marcada desde el principio por la excelencia académica, y se graduó como mejor alumno de su promoción del colegio de secundaria.

Impulsado por una arraigada pasión por la salud y las ciencias biológicas que corría por su linaje familiar, Guevara tomó la valiente decisión de emigrar a Estados Unidos, persiguiendo firmemente una vida mejor para sus seres queridos. A pesar de las dificultades de la separación y de los obstáculos burocráticos, la inquebrantable determinación de Guevara acabó reuniéndole con su esposa e hijos, estableciendo las bases para un inspirador capítulo de colaboración familiar y logros académicos.

Sin dejarse intimidar por la adversidad, Guevara se embarcó en un viaje conmovedor, obteniendo su licenciatura en ciencias biológicas junto a su hija, una experiencia profundamente significativa que fortaleció el vínculo y encendió el sueño compartido de ellos de graduarse en odontología.

A pesar de que el destino le presentó un obstáculo cuando su esposa no pudo seguir trabajando debido a una lesión, el espíritu resuelto de Guevara y el apoyo inquebrantable de su familia le impulsaron a seguir adelante, dando prioridad a la educación dental de su hija y a la educación superior de su hijo antes de hacer realidad sus propias aspiraciones.

El legado de Guevara va más allá de sus triunfos personales, ya que sus dos hijos han seguido sus pasos: su hija mayor se licenció en Odontología y su hijo en Ciencias Biomédicas. Esta búsqueda intergeneracional de la excelencia es un testimonio del poder de guiar con el ejemplo y del potencial transformador de la educación.

A través de sus cautivadoras memorias, Guevara invita a los lectores a embarcarse en una odisea inolvidable que celebra el indomable espíritu humano, la perdurable fuerza de los lazos familiares y el impacto transformador de un compromiso inquebrantable con el aprendizaje y el crecimiento. Su historia inspira a todos los que se atreven a soñar con un futuro mejor, y nos recuerda que, con una determinación y una fe inquebrantables, se pueden superar los obstáculos más formidables.

Índice

Introducción: Semillas de aspiración

Todos nacemos con un sueño, con la voluntad de perseguir lo que nos proponemos. Algunos nos conformamos con más, otros con menos. No obstante, nacemos en el mundo con un propósito divino.

Estudiantes de todo el mundo estudian y aspiran a convertirse en ingenieros, abogados, empresarios y médicos. Cada sueño conlleva su propio conjunto de sacrificios y problemas, y ningún camino es fácil de tomar: la clave para conseguir lo que uno quiere reside en trabajar duro.

Quiero compartir mi historia contigo porque muchos como yo han recorrido caminos y se han perdido en medio. Uno tiende a rendirse ante la adversidad, pero quiero que mi verdad sea un ejemplo que os impulse a ti y a tu familia en vuestro viaje hacia vuestros sueños.

Creo que esta historia resonará en todas las personas que han pasado por obstáculos en la vida. Mi viaje y el de mi familia ha estado marcado por sacrificios que nos han convertido en lo que somos hoy.

Puedes superar los obstáculos que te pone la vida en tus metas, con fuerza, amor y fe en tu fortaleza y pasión.

En lo más profundo de la historia de nuestra familia se esconde una historia de sacrificios y lazos inquebrantables que nos han mantenido unidos a lo largo del tiempo.

Esta es una memoria, un testimonio de las luchas que nos han forjado y un recordatorio de que nuestras historias están siempre entrelazadas con nuestros sueños.

Querido lector, las semillas de tus aspiraciones ya están plantadas en tu interior. Sin embargo, se necesitan años de determinación, resistencia y paciencia para recibir el resultado y recoger el fruto.

Capítulo 1: Educación temprana y retos en Perú

"La corrupción en la educación lleva a que algunas personas tengan un alto nivel educativo, y luego estas personas apoyan a los incultos para que gobiernen sobre las masas analfabetas".

-Amit Abraham.

Un nuevo capítulo de mi vida se abrió cuando me gradué de la escuela secundaria y me sumergí en las complejidades del mundo académico, ferozmente competitivo.

Las admisiones universitarias estaban a punto de comenzar, y yo me preparaba para los retos de superar las pruebas de admisión. Me tomó un año en estudiar con diligencia y estaba decidido a elevar mi carrera a nuevos niveles. Mi determinación estaba alimentada por el deseo de sobresalir en mis actividades académicas, pero no era consciente de los obstáculos a los que tenía que enfrentarme.

En el corazón de Perú, la tradición reunió a estudiantes de todo el país. Lima, la capital, se convirtió en el centro de atención, atrayendo a personas esperanzadas de todas las direcciones que venían a buscar oportunidades de educación superior. Había mucho en juego para ingresar en las mejores universidades, y la competencia era dura.

Con la distinción y el honor de ser el mejor estudiante de la escuela secundaria, me gradué de la secundaria con gran éxito. Se suponía que el camino hacia mi éxito estaba despejado, pero no era así. Normalmente, los dos mejores graduados de la escuela secundaria quedaban exentos de las rigurosas pruebas de admisión. Mi felicidad no tenía límites porque esta oportunidad me permitiría entrar en la facultad de medicina, ahorrándome la estricta prueba de admisión a la que tenían que someterse miles de candidatos.

De repente, la corrupción se interpuso en mi camino, desviándome de la ruta tradicional basada en los méritos. Me negaron el privilegio de la admisión directa y no tuve más remedio que unirme a la competición contra otros estudiantes y asegurarme la plaza. La junta de admisión, que realizaba las pruebas de admisión, recibía dinero de los padres para admitir a estudiantes menos cualificados en las facultades de medicina, y el sistema de méritos no aparecía por ninguna parte. Todo se debía al impacto injustificado de las transacciones comerciales; los padres podían asegurar una plaza para sus hijos pagando una cuota más alta, independientemente del rendimiento académico de su hijo.

Universidad Nacional Federico Villarreal de Lima (Perú)

A pesar de los obstáculos, estaba decidido a perseguir mis objetivos. Continué mi camino y solicité plaza en la Facultad de Medicina de la Universidad Nacional Federico Villarreal de Lima (Perú). Entre 3.000 y 4.000 aspirantes se reunieron en la puerta para tomar el examen, pero no había plazas suficientes para los

4

alumnos de cuadro de honor. Al final, muchos alumnos de alto rendimiento como yo fuimos reubicados en otras carreras que ofrecía la universidad. Nuestras plazas se dieron a los estudiantes que podían pagar bien.

Los que estudiaron duro para el examen de medicina se sintieron traicionados por el injusto sistema de justicia respaldado por la corrupta junta de admisión. Mi sueño de matricularme en una facultad de medicina parecía estar a kilómetros de hacerse realidad.

La revelación de esta injusticia sistémica asestó un golpe devastador a mis aspiraciones, poniendo en entredicho los cimientos mismos de la integridad académica. A pesar de mi firme compromiso de alcanzar el éxito por mis méritos, me vi envuelto en una red de engaños.

Mis padres me inculcaron el valor de alcanzar el éxito a través de la excelencia académica. Sin embargo, la cruda realidad revelaba una verdad descorazonadora: las ayudas económicas desempeñaban un papel decisivo, sobre todo para conseguir plaza en las facultades de medicina. Me sorprendió y no me quedó más remedio que buscar una alternativa.

Con el corazón encogido, decidí estudiar psicología. Por suerte, la universidad a la que solicité plaza reconoció mi potencial como estudiante de cuadro de honor. Me matricularon inmediatamente y pasé más de dos años estudiando psicología.

Sin embargo, mi pasión por la carrera de medicina seguía viva, como un fuego que nunca se apagaba. En el fondo de mi corazón, seguía queriendo perseguir mis sueños, seguía buscando oportunidades para entrar en la facultad de medicina.

Sin dejarme intimidar por la adversidad, la oportunidad de

una "transferencia interna" apareció cuando tenía casi 20 años. La posibilidad de trasladar mi especialización en psicología a la facultad de medicina fue un rayo de esperanza.

Pero ni siquiera eso era un ticket garantizado para la facultad de Medicina. Muchos estudiantes, como yo, competían por una plaza en la facultad de medicina mientras se especializaban en algo diferente, incluida la psicología. La lucha continuaba y, una vez más, parecía que aquellos cuyos padres pagaban un precio más alto tenían las de ganar.

En ese concurso de admisión, se repitió el patrón injusto. Los estudiantes con apoyo económico se aseguraban las plazas, mientras que otros, como yo y mis padres, nos manteníamos firmes en ganarnos las oportunidades con nuestro duro trabajo.

Aunque yo era uno de los candidatos más brillantes y prometedores que esperaban entrar en la facultad de medicina, me aferré a las creencias de mis padres. Se convirtió en un reto navegar por un sistema en el que el mérito parecía estar eclipsado por la influencia financiera.

Tras ser testigo de la injusticia a la que me enfrentaba, mi madre se armó de determinación. Consiguió concertar una cita con el presidente de la facultad de medicina, una hazaña que no era común ni fácil para los padres de la época. Su perseverancia y quizá un poco de buena suerte hicieron posible la reunión con el presidente.

Durante la reunión, mi Mamá explicó acerca de mis logros en la escuela secundaria y le presentó mi expediente académico para demostrar mi potencial como candidato merecedor de entrar en la facultad de Medicina. El presidente reconoció mis capacidades y me tendió un salvavidas hacia mis sueños. Expresó simpatía y reconoció la injusticia de la situación, lo que me dio la validación que necesitaba.

Este encuentro marcó un cambio decisivo para mí, ya que parecía que alguien con autoridad comprendía por fin los retos a los que me enfrentaba y que habían obstaculizado mi camino hacia la facultad de medicina. En última instancia, facilitó mi aceptación en la facultad de medicina, y yo estaba decidido a superar los obstáculos que estaban por venir.

Comencé mi viaje en la facultad de medicina y estudié con diligencia. Leía los libros de texto y asistía a clase con regularidad para asegurarme de que nada me impidiera convertirme en médico. Sin embargo, a lo largo del año, factores externos plagaron mis esfuerzos académicos.

Sólo estudié un año en la facultad de medicina, ya que cada semestre tardaba casi un año en completarse debido a las frecuentes huelgas. Estas huelgas eran iniciadas por estudiantes más avanzados y a menudo implicaban a profesores que protestaban para conseguir mejores sueldos.

La facultad de medicina estaba plagada de luchas internas por el poder, con diferentes facciones que competían por la autoridad, de forma muy parecida a los demócratas y republicanos en Estados Unidos. Estos conflictos provocaban frecuentes huelgas, a veces de tres o cuatro meses de duración, durante las cuales se cerraba temporalmente la facultad. Después de cada huelga, el colegio volvía a abrir brevemente, lo que nos permitía reanudar nuestros estudios durante unas semanas antes de que se produjera otra huelga. Este ciclo convertía un semestre de estudios en un año, prolongando lo que debería haber sido un año académico normal en un calvario interminable.

A medida que me acercaba al final de mi primer año, me di cuenta de lo difícil que sería terminar mis estudios de medicina en estas condiciones. A diferencia de las instituciones privadas, la universidad nacional estaba sujeta a constantes interrupciones, lo que hacía casi imposible terminar mis estudios a tiempo.

Simultáneamente, mi vida personal evolucionaba. Conocí a mi esposa en mi primer año de medicina y ese mismo año tuvimos a nuestra primera hija. Acepté la paternidad con los brazos abiertos y, a los pocos meses, dimos la bienvenida al mundo a nuestra preciosa hija.

En medio del caos de una educación prolongada, la paternidad añadió un nuevo sentido de la responsabilidad a mis hombros. Sabía que tenía que mantener a mi familia de una forma u otra. Pero, en Perú, los empleos para los más jóvenes ofrecían salarios mínimos, lo que significaba que criar una familia era difícil, incluso si ambos miembros de la pareja trabajaban.

Me di cuenta de que criar una familia y dedicarme a la medicina me resultaría difícil, dadas las circunstancias a las que nos enfrentábamos en Perú.

Contemplé la posibilidad de trasladarme al extranjero porque mi hermana, una pionera y una inspiración para nuestra familia, ya estaba en Estados Unidos desde 1978. Ella solicitó la residencia para mi madre y, más tarde, mi madre extendió la oportunidad de la residencia permanente a mis hermanos y a mí. En Perú, mi futuro era incierto, y necesitaba considerar una ruta alternativa donde pudiera empezar de nuevo con mi familia.

La decisión de trasladarme a Estados Unidos en 1993 fue desalentadora y aterradora al principio, pero con resiliencia y positividad, estaba listo para seguir adelante. Este camino supuso un alivio para las difíciles circunstancias de Perú.

Capítulo 2: Viaje a través de las fronteras

"El único límite a nuestra realización del mañana serán nuestras dudas de hoy."

-Franklin D. Roosevelt.

En 1993, con una visa de residente permanente en la mano, inicié un viaje que cambiaría para siempre la trayectoria de mi vida. A pesar de las dificultades y adversidades de trasladarme a Estados Unidos, aún recuerdo el primer día que mi vuelo aterrizó en suelo americano. Era el 3 de noviembre y había hecho las maletas, dispuesto a dejar atrás mi antigua vida.

A pesar de lo que digan los demás, mudarse a otro país es siempre una experiencia profundamente personal; uno nunca está preparado para lo que le espera. No sólo empezaba un nuevo capítulo en Estados Unidos, sino que también atravesaba tierras con culturas e idiomas diferentes.

Dejaba atrás la vida que conocía, viajaba lejos de mi tierra natal, con la esperanza de un futuro mejor.

Con las circunstancias que me hicieron dejar Perú, era inevitable: tendría que pasar muchos años lejos de mi familia.

Trasladarme a Estados Unidos representaba una tierra de infinitas posibilidades, donde los sueños podían hacerse realidad mediante el trabajo duro y la determinación. Sin embargo, nada podía prepararme para el camino que me esperaba. Tuve que separarme de mi familia durante siete largos años antes de reunirme con ellos. Decidir vivir separados durante tanto tiempo fue una de las decisiones más difíciles que tomamos mi mujer y yo.

El dolor y la angustia de vivir a distancia con mi esposa y mi hija fueron insoportables. Vivir separados conllevaba sus propias frustraciones. Mi esposa y yo pasamos varios días y noches llorando, intentando por todos los medios seguir conectados y sacar el máximo partido a nuestras vidas.

La fuerza que me impulsaba a seguir adelante era la esperanza de que mi familia pudiera volver a vivir bajo el mismo techo, pero el tiempo seguiría su curso.

El apoyo constante de mi esposa se convirtió en la columna vertebral que me fortaleció durante los siete largos años de espera. Llegar a la cima de la montaña requería dar los primeros pasos, y aún nos quedaba un largo camino por recorrer antes de que mi familia pudiera entrar en Estados Unidos como inmigrantes. Juntos, estábamos decididos a superar las dificultades.

Restaurante El Charro, donde trabajaba tomando pedidos.

Durante este tiempo, tuve que ser paciente y trabajar con diligencia para garantizar la estabilidad financiera y llegar a fin de mes. Con el tiempo, la soledad de vivir solo se apoderó de mí y mi corazón anhelaba reunirme con mi familia. Decidí dedicar los años que faltaban para nuestro reencuentro a trabajar sin descanso.

Aparte de mis aspiraciones a largo plazo para mi familia, mi mente estaba ocupada con un objetivo: quería a mi esposa y a mi hija conmigo lo antes posible. Todos y cada uno de los trámites

11

para su inmigración me exigían ganar bien; ahorrar dinero era esencial para recibir a mi familia con los brazos abiertos.

Estaba dispuesto a hacer todo lo posible para traer a mi familia a los Estados Unidos de América. Los viajes, las solicitudes de inmigración y la vivienda requerían unos ingresos estables, pero tuve que empezar poco a poco, como todo inmigrante. En lugar de fijarme en un trabajo fijo, decidí trabajar en varios sitios y ahorrar para mis planes.

Nada se podía conseguir sin resistencia, y el trabajo duro era la única salida, así que empecé mi primer trabajo como ayudante de camarero, y luego tomé pedidos en un restaurante mexicano.

Mientras tomaba pedidos, me di cuenta de las enormes diferencias culturales y las barreras lingüísticas. Este trabajo no sólo me pagaba bien, sino que también me sirvió para pulir mis conocimientos de inglés hablando con varios clientes. Con un nuevo deseo de desarrollo personal y profesional, mi mentalidad rebosaba positividad. Trabajar en un lugar nuevo y adaptarme al modo de vida de otro país era duro, pero sabía que todo era posible: solo tenía que ir por ello con todas mis fuerzas.

Eventualmente, estaba ansioso por mejorar mis habilidades en el idioma inglés. Así que me matriculé en Georgia State University, en Atlanta, durante dos años. Las clases regulares y los profesores experimentados me ayudaron a sumergirme en la gramática, la sintaxis y el vocabulario.

Con el paso del tiempo, aprender inglés como segunda lengua se convirtió en la razón por la que gané confianza para hablar, escribir y leer en Estados Unidos. Con una nueva motivación, pasaba los días buscando mejores oportunidades que me impulsaran hacia mis objetivos. Todavía quedaba mucho tiempo antes de que mi familia emigrara, y yo estaba ansioso por encontrar los medios para mantenerlos.

Después de terminar mis clases de inglés en Georgia State University, me encontré con una oportunidad de trabajar como jefe de personal para varias empresas de almacén y fabricación. Este trabajo me ayudó a utilizar mis habilidades avanzadas de comunicación en inglés y me preparó el camino para ayudar a los supervisores en sus tareas.

Con un entusiasmo implacable, aproveché todas las oportunidades de aprender y crecer. Estaba ansioso por desarrollar nuevas habilidades y aceptar diversos trabajos para alcanzar mis metas y sueños. Poco a poco, trabajé sin descanso y empecé a ahorrar dinero para avanzar hacia mis aspiraciones. Cada pequeño logro alimentaba mi determinación de trabajar aún más duro. A medida que mis ahorros aumentaban, también lo hacía mi confianza en mí mismo, lo que me acercaba un paso más a la realización de mis sueños. Cada día que pasaba me sentía más orgulloso y satisfecho, sabiendo que mi trabajo duro y mi perseverancia estaban preparando el camino hacia un futuro mejor.

Unos meses más tarde, empecé a trabajar como reparador para un constructor de viviendas residenciales. Mi trabajo consistía en utilizar mis habilidades de manitas para garantizar que las casas recién construidas estuvieran perfectamente acabadas. Esto incluía calafatear las paredes, haciendo retoques de pintura a las paredes y reparar cabinetas y puertas de tocador de baño. Mayormente hacía reparación de paredes de yeso, instalando puertas y chapas, y colgando cuadros, espejos y estanterías. Desde el ajuste de las placas de cubierta eléctrica, tomas de corriente, y los accesorios de iluminación, yo era capaz de hacer frente a una variedad de tareas.

Esta experiencia práctica me dotó de los conocimientos y habilidades para manejar muchas tareas de mejoras para el hogar de manera eficiente y eficaz.

Elks Aidmore en Conyers, GA, donde trabajé como técnico de mantenimiento residencial.

Adquiriendo experiencia como reparador de casas residenciales me proporcionó un trabajo en un proyecto de construcción financiado por el gobierno, que resultó muy valioso. Empecé a trabajar para Conyers Housing Authority como técnico de mantenimiento.

Una de las casas de Conyers Housing Authority, donde trabajé como técnico de mantenimiento residencial.

La agencia gubernamental me permitió matricularme en clases de vivienda, electricidad y plomería. En este puesto, realicé el mantenimiento rutinario y las reparaciones de varias propiedades, incluyendo los sistemas de plomería, electricidad y calefacción, ventilación y aire acondicionado. También llevaba a cabo inspecciones para identificar posibles problemas y aplicaba medidas preventivas para garantizar la seguridad y funcionalidad de las propiedades.

Foto de mi esposa y mis dos hijos viviendo en Perú mientras yo vivía solo en EEUU.

Durante estos siete años, muchos días estuvieron llenos de pruebas y tribulaciones. Sin embargo, mi objetivo de reunirme con mi familia me mantuvo en pie. Cada día, la esperanza de reducir el tiempo de separación entre mi esposa y mis hijos me mantenía a flote. Mientras tanto, mi esposa seguía ocupada en Perú, cuidando de nuestra hija y participando activamente en las actividades de la iglesia, lo que le proporcionaba una sólida red de apoyo. A pesar de la distancia y de la falta de herramientas modernas de comunicación, nos mantuvimos en contacto mediante llamadas telefónicas y cartas semanales. Nuestra fe común en Dios y nuestro compromiso con el Evangelio nos ayudaron a soportar los largos años de separación.

Mi esposa y yo nos mantuvimos fieles el uno al otro en todo

momento, a pesar de las tentaciones que naturalmente surgían de una separación prolongada.

Sabíamos que nuestros sacrificios tenían un propósito mayor: ofrecer a nuestros hijos mejores oportunidades y un futuro mejor. Nuestro amor y nuestro compromiso mutuo eran inquebrantables, y nos apoyamos mutuamente a través de los retos de nuestra relación a distancia.

Durante estos años, visitaba a mi familia en Perú una vez al año. Viajar a casa me producía una inmensa alegría y tristeza en igual medida. Los breves momentos que pasábamos juntos estaban llenos de felicidad, pero dejarlos atrás cada vez me desgarraba el corazón. Sin embargo, cada visita reafirmaba nuestra decisión y reforzaba nuestra determinación de lograr nuestro objetivo de una vida mejor en Estados Unidos. Los recuerdos de esas visitas me sostuvieron y me dieron la fuerza emocional necesaria para afrontar cada día solo en un país extranjero.

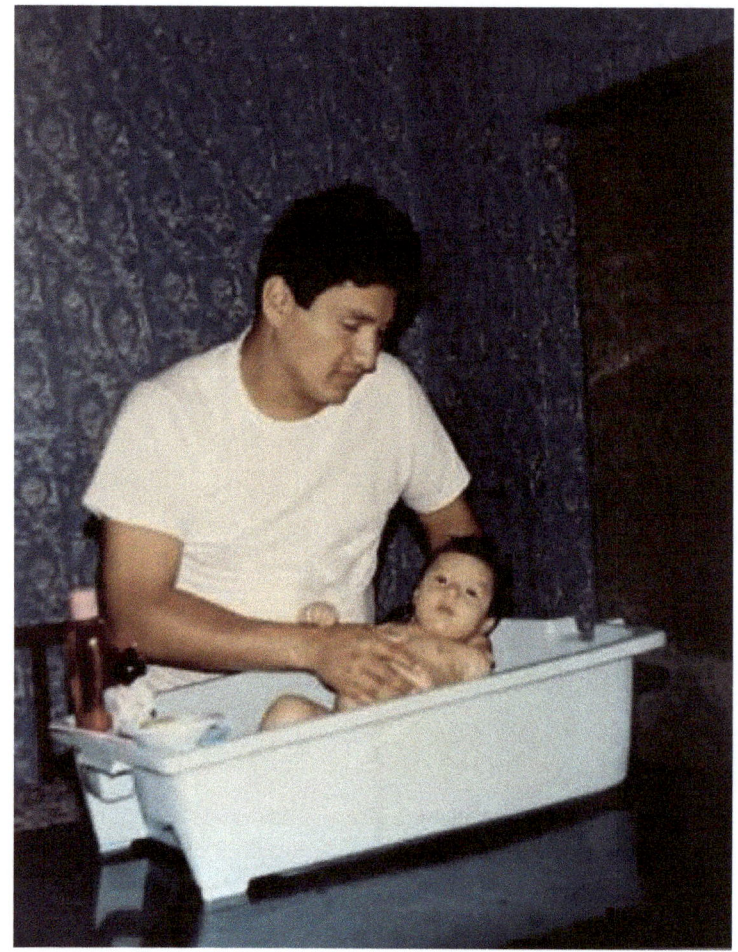

En 1996 nació mi hijo, pero desafortunadamente no pude asistir a su nacimiento. Estaba entusiasmado por conocer a mi hijo, pero la agonía de estar lejos de él me oprimía el corazón. Finalmente, planeé volar a Perú una semana más tarde para visitarlo.

La felicidad de abrazar a mi hijo recién nacido era un sentimiento que no podía describirse con palabras. Todos los sacrificios empezaron a merecer la pena.

A pesar de la alegría, las despedidas fueron inmensamente

desgarradoras. Pero estaba decidido a perseguir los objetivos y sueños que había imaginado para mi familia. El dolor de la separación renovó mi motivación para trabajar por los objetivos y sueños que había imaginado para mí y para mi familia.

Echaba de menos la comodidad de estar en casa y anhelaba reunirme con mi familia. Mi esposa se encargaba de criar y educar a nuestros hijos en Perú, y mis hijos crecieron sin mí por un largo tiempo. Por esta razón, trabajé y estudié duro todos los días de lunes a domingo una semana y de lunes a sábado la siguiente.

Visitando a mi familia en Perú. Foto de mis dos hijos conmigo.

Me centré en adquirir diversas habilidades y ampliar mis conocimientos y sabiduría para garantizar la estabilidad financiera de mi familia al llegar a Estados Unidos de América. Estaba decidido a ofrecer a mi esposa y a mis hijos una vida mejor en Estados Unidos, aunque eso supusiera tener que luchar solo durante siete largos años.

Los recuerdos dolorosos y la soledad merecían la pena: todo se desvanecía cuando abrazaba a mi esposa y tenía a mis hijos en brazos.

Capítulo 3: Reunión familiar y vida en EE.UU.

"La mejor salida siempre es a través".

-Robert Frost.

Tras cinco años de adaptación y trabajo incansable, en 1998 obtuve con orgullo la nacionalidad estadounidense. Este logro me llenó de un inmenso orgullo y de un renovado sentido del propósito, encendiendo una nueva esperanza para el futuro de mi familia.

Una vez conseguida la nacionalidad, me propuse reunirme con mi familia. Llené meticulosamente las solicitudes de inmigración necesarias para que mi esposa y mis hijos se reunieran conmigo en Estados Unidos. El proceso fue complejo. Cada día estaba marcado por la expectación y la sincera esperanza de que nuestra familia volviera pronto a estar unida.

Tras siete años de espera, por fin llegó el día esperado: mi esposa recibió su visa de residente permanente para vivir en los Estados Unidos.

La expectación era palpable; contábamos los días que faltaban para reunirnos.

Mi esposa y nuestros hijos en el aeropuerto de Lima, Perú. Mi esposa se despedía de nuestros hijos porque venía a los EE.UU. por primera vez. Nuestros hijos se quedaron en Perú solos con mis padres durante un año antes de venir a los EE.UU.

En 2001, mi esposa aterrizó en Estados Unidos y mi felicidad no tuvo límites. El momento que había anhelado desesperadamente durante los últimos siete años era ahora una realidad. Fue como un sueño hecho realidad.

Fue un momento agridulce reencontrarme con mi esposa en Estados Unidos después de pasar tanto tiempo separados. Nos besamos y nuestras lágrimas fluyeron.

Cuando nos vimos, corrimos el uno hacia el otro. Sus brazos me abrazaron con fuerza. Los sollozos se escapaban de nuestros labios mientras las lágrimas corrían por nuestros rostros: la lucha de emigrar a Estados Unidos había merecido la pena.

Sin embargo, aún nos quedaban muchos caminos por recorrer juntos. Mi esposa había aterrizado, pero aún teníamos que traer a nuestros hijos a Estados Unidos.

Los agitados trámites burocráticos dificultaban que mi familia emigrara junta. Eso significaba que teníamos que estar separados de nuestros hijos durante al menos un año.

Mi esposa fue la primera en recibir su visa y viajó sola a Estados Unidos con la idea de que nuestros hijos la siguieran en breve. Sin embargo, surgieron complicaciones en la Embajada Estadounidense en Perú. A pesar de que en la oficina de inmigración de Atlanta me aseguraron que una sola solicitud para mi esposa bastaría para toda la familia, la Embajada Americana en Perú insistió en que era necesario presentar solicitudes separadas para cada hijo. Este obstáculo inesperado hizo que mis hijos tuvieran que quedarse un año más en Perú, al cuidado de mis padres, hasta que se tramitaran sus papeles.

Cuando llegó mi esposa, le enseñé la casa y recordamos los días que habíamos pasado el uno sin el otro. Nada podía superar la sensación que me producía estar con ella. Encontró trabajo en una fábrica de almohadas y juntos trabajamos sin descanso para construir una vida estable para nuestros hijos. Cada trabajo y cada hora de labor eran un paso más hacia nuestro sueño de una familia unida y un futuro mejor.

Por fin, en 2002, mis hijos se reunieron con nosotros en Estados Unidos, obteniendo automáticamente la nacionalidad estadounidense por medio de mi naturalización americana. La alegría de nuestro reencuentro fue indescriptible, la culminación de años de sacrificio y esperanza inquebrantable. Ver a toda mi familia en nuestro nuevo hogar fue un momento de profunda felicidad y alivio.

Foto de nuestros hijos, mi esposa y yo en el aeropuerto de Lima, Perú, listos para partir a los EE.UU. después de esperar un año la aprobación de inmigración para traer a nuestros hijos y finalmente estar juntos.

Fue una época difícil y emocionalmente agotadora para nuestra familia, pero nos mantuvimos firmes en nuestro empeño de reunir a nuestros seres queridos.

Finalmente, nuestra familia se reunió en Estados Unidos tras un año de obstáculos burocráticos y de espera. El momento en que volvimos a estar todos juntos fue una ocasión feliz, llena de risas, lágrimas y un profundo sentimiento de gratitud. No perdimos tiempo en adaptarnos a nuestra nueva dinámica familiar, haciendo pequeños pero significativos cambios para acomodarnos los unos a los otros y reforzar nuestros lazos.

Uno de los retos a los que nos enfrentamos fue adaptarnos a vivir juntos como una familia después de años de separación. Como persona que había vivido solo durante muchos años, había desarrollado ciertos hábitos y rutinas que debían modificarse ahora que mi familia estaba conmigo. Cosas tan sencillas como organizar las pertenencias y las tareas domésticas se convertían ahora en responsabilidades compartidas, que requerían paciencia y compromiso.

A pesar de los ajustes iniciales, nuestra familia encontró rápidamente su ritmo y abrazamos nuestra nueva unión con los brazos abiertos. Asumí el papel de profesor de inglés de mis hijos y me pasaba las tardes y los fines de semana ayudándoles a mejorar sus habilidades del idioma inglés. Fue una experiencia gratificante verles progresar y ganar confianza en sus capacidades cada día que pasaba.

Mi hijo y yo estamos en su escuela primaria en Conyers, GA, EEUU.

Cuando mis hijos se asentaron en sus nuevas vidas en Estados Unidos, se enfrentaron al reto de adaptarse a un nuevo entorno escolar y hacer amigos en un país extranjero. Mi hijo, en particular, sobresalió en sus estudios y no tardó en dominar el inglés, impresionando tanto a sus profesores como a sus compañeros. Su capacidad de adaptación y su resistencia fueron un motivo de orgullo para nuestra familia y celebramos cada uno de sus logros.

Del mismo modo, mi hija se enfrentó a sus propios retos, pero los afrontó con determinación y gracia. A pesar de que al principio la asignaron a un programa de ESL (inglés como segunda lengua), quiso incorporarse a clases regulares con hablantes nativos de inglés para acelerar su aprendizaje del idioma. Su valentía e iniciativa merecieron la pena, y pronto empezó a dominar el inglés, destacándose academicamente y socialmente.

Como padres, mi esposa y yo apoyamos incondicionalmente a nuestros hijos, animándoles a perseguir sus sueños y aspiraciones. Les inculcamos la importancia de la educación y el trabajo duro, y les dimos ejemplo ampliando nuestros estudios junto a ellos. Nuestro compromiso con la excelencia académica y el crecimiento personal sentó las bases del éxito y las oportunidades futuras de nuestros hijos.

El viaje para reunir a nuestra familia en Estados Unidos estuvo plagado de retos y obstáculos, pero nuestra inquebrantable determinación y nuestro amor mutuo nos ayudaron a salir adelante. Al superar juntos la adversidad, salimos fortalecidos y más resistentes como familia, listos para aprovechar las oportunidades de nuestro nuevo hogar.

Nuestros sacrificios no fueron en vano, ya que prepararon el camino hacia un futuro mejor, un camino que estábamos decididos a seguir.

La graduación de mi hija de la escuela secundaria en Conyers, GA, USA.

Capítulo 4: Perseguir estudios superiores

"La paciencia y la perseverancia tienen un efecto mágico ante el cual las dificultades desaparecen y los obstáculos se desvanecen".

-John Quincy Adams

Antes de hablar de mi decisión de especializarme en Biología, creo que es crucial explicar la historia de mi familia en lo que respecta a la educación.

En Perú, casi el 90% de mis antepasados se dedicaban a actividades científicas, con carreras que abarcaban diversos campos de la ciencia. De médicos a farmacéuticos, de dentistas a biólogos, el linaje de la investigación científica era muy fuerte en mi familia.

Este legado familiar sentó las bases de mi trayectoria académica y la de mis hijos. Nuestro interés colectivo por la ciencia, especialmente en los campos de la medicina y la odontología, nos condujo hacia el objetivo común de cursar estudios superiores como unidad familiar. Nuestro objetivo era doble: ampliar nuestros conocimientos y sentar unas bases educativas sólidas para las generaciones futuras en Estados Unidos.

La decisión de especializarnos en Biología fue estratégica; a mi hija y a mí nos impulsaba nuestra aspiración de ingresar en la facultad de Odontología. Con el acuerdo unánime de los miembros de la familia, nos sumergimos en la búsqueda académica con determinación y dedicación.

Georgia State University en el centro de la ciudad de Atlanta, GA, donde me gradué en Ciencias Biológicas.

Mi camino hacia la excelencia académica comenzó en Georgia State University, en Atlanta, donde tomé varios cursos básicos, desde estudios generales hasta asignaturas científicas más especializadas. Reanudar mi educación universitaria después de un paréntesis significativo significaba refrescar la memoria de las asignaturas que había estudiado anteriormente en Perú. Adaptarme al vocabulario académico inglés utilizado en los cursos universitarios supuso otro obstáculo, pero sabía que el idioma era una habilidad que podía aprender con paciencia y perseverancia.

Al principio, me costó adaptarme al sistema educativo estadounidense. Los cursos que se impartían en Estados Unidos presentaban una dificultad mayor que los que se impartían en Perú.

Sin embargo, con el tiempo y la ayuda de los excepcionales métodos de enseñanza de la Universidad, comprendí los conceptos fundamentales de la mayoría de las asignaturas sin esfuerzo, excepto la historia de Estados Unidos.

Toda mi vida había transcurrido en Perú, y no sabía lo suficiente sobre la historia de Estados Unidos. Con el extenso plan de estudios que había que seguir, me costaba entender los detalles de la asignatura porque era totalmente nueva para mí.

Mi dedicación por sobresalir en la clase de historia de los Estados Unidos aumentó, así que me dediqué a estudiar durante largas horas. Toda mi atención se centraba en dominar la materia. Leía libros de historia a fondo para complementar mi comprensión del material enseñado por los profesores de la universidad.

Mi esposa junto a su coche, con el uniforme de empleada de Golden State Food, donde trabajó varios años. Ella me ayudaba con los ingresos familiares mientras yo estudiaba en la universidad.

Aparte de otros retos, compaginar las exigencias académicas con las responsabilidades familiares no era tarea fácil. Mientras mi mujer trabajaba a jornada completa, yo compaginaba un empleo a tiempo parcial con mi riguroso horario escolar, a menudo levantándome antes del amanecer para dedicar unas horas preciosas al estudio. A pesar del cansancio que acompañaba a mis escasas horas de sueño, perseveré, asegurándome de que la educación siguiera siendo una prioridad en mi vida.

A lo largo de la semana, sólo podía descansar 8 horas cada sábado. Nuestra familia se reunía en la iglesia los domingos, y los días laborables estaban ocupados con los estudios y las intensas horas de trabajo.

Al final, llegué al punto de agotamiento, pero lo que me mantuvo en pie fue practicar la disciplina y seguir unas rutinas. El sacrificio era necesario para perseguir mis sueños y metas, y estaba dispuesto a afrontar los retos que me deparaba la vida. Abandonar no era una opción, así que me armé de valor para seguir adelante.

Conseguir un alto promedio ponderado académico requería un gran esfuerzo, sobre todo en las asignaturas de ciencias, que exigían mucha memorización. Afortunadamente, mi capacidad innata para memorizar información con rapidez me sirvió de mucho y facilitó mi éxito académico. Obtuve notas ejemplares, incluyendo numerosas calificaciones de grado A and A+, que se convirtieron en el punto culminante de mi trayectoria académica graduándome con gran honor y distinción.

Mi búsqueda de una educación universitaria sirvió como piedra angular para las generaciones futuras, estableciendo las bases para el legado perdurable de nuestra familia en los Estados

Unidos. Con raíces en Perú, pero aspirando a hacer de Estados Unidos nuestro nuevo hogar, reconocimos la importancia de la educación para forjar un futuro mejor. Nuestros esfuerzos académicos no eran meros empeños individuales, sino esfuerzos colectivos para asegurarnos una vida mejor para nosotros y para los que seguirían nuestros pasos.

Fue sólo el principio del éxito de las generaciones de Guevara que vendrían después.

Capítulo 5: De la biología a los sueños odontológicos

"No renuncies a tus sueños, o tus sueños renunciarán a ti".

-John Wooden.

La pasión por perseguir mis sueños fue un motor constante a lo largo de mi vida porque creía firmemente que adquirir conocimientos era un viaje que dura toda la vida, un viaje que estaba deseando continuar con mi querida hija.

Finalmente, mi hija y yo nos graduamos en biología el 16 de mayo de 2014. Logramos nuestro objetivo de obtener un título universitario y estábamos listos para ampliar nuestros sueños. Ambos albergábamos la ambición de matricularnos en una facultad de odontología de prestigio y tener un impacto significativo en el mundo de la odontología.

Mi hija y yo éramos muy conscientes de que este campo era muy competitivo y sabíamos que teníamos que ser diligentes en nuestros estudios, crear calendarios meticulosos y no dejar pasar ningún plazo. Nuestras pasiones se intensificaron cuando reflexionamos sobre nuestro objetivo final. Queríamos ayudar a los demás a conseguir una salud bucodental óptima y transformar vidas a través del arte de la odontología. Con una dedicación inquebrantable y un entusiasmo inquebrantable, seguimos esforzándonos por alcanzar la excelencia, dispuestos a afrontar los retos de perseguir nuestros sueños.

Cuando empezamos a aplicar en varias facultades de odontología de todo el país, mi hija tomó el DAT (Dental Admission Test), el examen estandarizado para la admisión en la mayoría de las facultades de odontología de Estados Unidos. Aprobó el examen en su primer intento y obtuvo una buena puntuación. Cuando fue mi turno para tomar el examen de admisión a Odontología, nuestra familia se vio inesperadamente afectada por las dificultades.

Justo cuando estaba a punto de poner en marcha mis planes, mi esposa sufrió un fuerte dolor en el hombro debido a una lesión laboral sufrida en el pasado. El insoportable dolor en el brazo la obligó a pedir la baja laboral, con lo que toda la responsabilidad del hogar recayó sobre mis hombros. Como único sostén de la familia, tuve que trabajar con un esfuerzo incansable para apoyar a mi familia, haciendo turnos y horas extra para cubrir los gastos hasta el final del mes. La carga financiera era aplastante, pero me comprometí a garantizar el bienestar y la seguridad de mi familia durante estos tiempos difíciles.

Tuve que trabajar con diligencia para cubrir las necesidades básicas de mi familia, como comida, ropa, medicinas, educación y el pago puntual de las facturas. Además, apoyé las solicitudes de mi hija para la facultad de odontología, sufragando todos los gastos asociados. A pesar de los abrumadores retos, mi determinación de mantener a nuestra familia a flote y crear un futuro mejor para mis seres queridos me hizo seguir adelante.

Con el peso de las responsabilidades en mi mente, pospuse mis sueños de estudiar odontología cancelando mis solicitudes para las facultades de odontología.

Con el corazón encogido, me enfoqué en dar prioridad a las necesidades de mi familia por encima de los míos. Sin embargo, estaba decidido a no dejar que este contratiempo me definiera.

Una vez aliviadas nuestras cargas económicas, me presentaría al examen de admisión para el colegio dental y perseguiría mis sueños.

En un giro extraordinario de los acontecimientos, mi hija recibió una invitación para una entrevista de la prestigiosa Facultad de Odontología de Georgia y posteriormente fue aceptada. Este hito reavivó mi pasión por la educación odontológica y me di cuenta de que nuestro viaje compartido podría catalizar algo más grande. Mi deseo inicial de estudiar odontología junto a mi hija se basaba en la idea de crear una empresa familiar en el campo de la ciencia, que con el tiempo se convertiría en un imperio económico que beneficiaría a nuestra familia, a la familia extendida y a las generaciones futuras.

A medida que avanzábamos juntos en este viaje, sabía que nuestro vínculo y nuestro propósito compartido se fortalecerían. Además, nuestra búsqueda conjunta de la formación odontológica estaba impulsada por un deseo más profundo: servir a nuestra comunidad, especialmente a los más desfavorecidos y marginados. Nuestro objetivo era prestar servicios odontológicos esenciales a las personas de bajo ingreso económico, apoyar el bienestar de los necesitados e influir positivamente en las vidas de los hambrientos, sedientos, pobres, niños abandonados, huérfanos, viudas, discapacitados y enfermos. De esta manera, esperábamos crear un legado duradero de compasión, empatía y bondad.

Mi hija y yo íbamos encaminados a dar ejemplo a las generaciones venideras.

Capítulo 6: Superar los retos financieros y de salud

"Es en nuestros momentos más oscuros cuando debemos concentrarnos para ver la luz".

-Aristotle.

Como familia, nos enfrentábamos a un periodo especialmente difícil debido a graves dificultades económicas. El dolor en el hombro de mi esposa, persistente durante un largo periodo, la llevó a una serie de citas médicas, agonizándola e incapacitándola para continuar con sus actividades de la vida diaria.

El dolor agudo y punzante del hombro afectado era insoportable e intenso. Muy pronto decidimos llevarla de nuevo al hospital. Al final, los médicos solicitaron una resonancia magnética y esperamos ansiosos los informes.

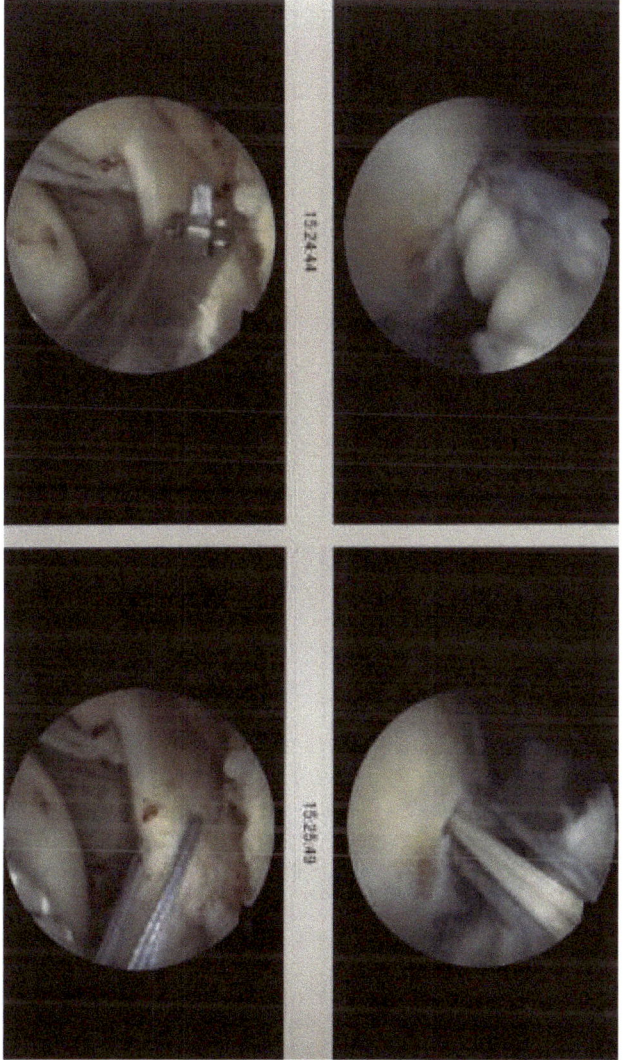

Foto de la cirugía de reparación del manguito rotador del hombro de mi esposa debido a una lesión en el trabajo.

Cuando llegaron los informes, nos sorprendió que los daños fueran mucho más graves de lo previsto. Los resultados revelaron dos tendones completamente rotos y uno parcialmente roto, lo que indicaba atención médica inmediata. La gravedad de la lesión era tal que los métodos conservadores ya no podían tratarla, por lo que los médicos sugirieron la reparación quirúrgica del manguito rotador del hombro derecho.

Mi esposa se sometió a la intervención quirúrgica y me sentí agradecido por el éxito de la operación. Sin embargo, la recuperación postoperatoria de mi esposa requirió un largo programa de fisioterapia de 12 meses para que pudiera reincorporarse a su vida cotidiana. Durante este tiempo, los gastos médicos de los servicios de fisioterapia estaban parcialmente asegurados, y las facturas médicas se dispararon. Esto, combinado con nuestras obligaciones financieras existentes, incluidos los pagos de la hipoteca, la electricidad, el agua, la comida, la ropa, los medicamentos, el seguro de los vehículos, la gasolina, los préstamos estudiantiles y otros gastos esenciales, cargó considerablemente las finanzas de nuestra familia.

A medida que pasaba el tiempo, gestionar las finanzas resultaba cada vez más difícil. Mis ingresos eran insuficientes para cubrir estos gastos, lo que llevaba a una situación financiera precaria. La presión iba en aumento y el peso de la responsabilidad recaía sobre mis hombros.

Para mejorar nuestra estabilidad financiera, me propuse encontrar otras formas de obtener ingresos adicionales. Tras pensarlo detenidamente, me enfoqué en los conocimientos y habilidades técnicas que había adquirido en la industria de Bienes y Raíces, específicamente en la construcción, remodelación y mantenimiento residencial en Estados Unidos. Por lo tanto, estaba bien equipado para prestar una serie de servicios residenciales a los clientes. Entonces, decidí establecer mi propio negocio, Peach Handyman Services. Esta nueva aventura me exigió mucho esfuerzo y dedicación, pero estaba decidido a triunfar.

Mi licencia de negocio como Peach Handyman Services

A base de resistencia y arduo trabajo, lancé mi negocio y recé por lo mejor. Tras días y noches de trabajo diligente, mis servicios estaban dando sus frutos. Peach Handyman Services me estaba ayudando a generar ingresos suficientes para mantener el bienestar financiero, emocional y psicológico de mi familia.

Además de cubrir los gastos médicos de mi esposa, ayudé con el traslado de mi hija, asegurándome de que ella tuviera un entorno de apoyo en el que ella pudiera seguir adelante y terminar sus estudios de Odontología. Esto la animó a perseguir sus sueños y metas sin sentirse agobiada.

A medida que el negocio crecía, " pude pagar los gastos de la escuela secundaria de mi hijo, incluyendo el material escolar, la ropa y otras necesidades. Mi hijo pudo concentrarse en sus estudios y actividades extraescolares sin preocuparse por las implicaciones financieras.

A pesar de los retos a los que me enfrenté durante días y días, la satisfacción de poder atender las necesidades de mi familia me llenó de una sensación de logro. Era un sentimiento de orgullo y satisfacción saber que podía mantener a mis seres queridos a pesar de los obstáculos que nos encontrábamos en el camino. Esta sensación de logro me dio fuerzas y motivación para seguir trabajando arduamente. Estaba preparado para superar las dificultades que nos esperaban.

A lo largo de este difícil periodo, seguí estando profundamente agradecido a Dios Todopoderoso por concederme la fuerza, la sabiduría, la inteligencia y los recursos necesarios para superar la adversidad que amenazaba con hundirnos. Su guía y gracia divinas me permitieron cumplir con mis responsabilidades como padre y proveedor del hogar.

A pesar de las luchas, nuestra familia salió fortalecida y más unida que nunca. Los retos que habíamos superado reforzaron nuestros lazos.

Estábamos decididos a atravesar juntos la oscuridad porque eso significaba alcanzar la luz.

Capítulo 7: El viaje de mi hija en la escuela de Odontología

"La única persona en la que estás destinado a convertirte es la persona que decides ser".

-Ralph Waldo Emerson.

Mi querida hija comenzaba sus estudios de odontología: el sueño que yo había imaginado se hacía realidad ante mis ojos.

Mi corazón se hinchó de amor y admiración por ella. Casi sentí que todas las dificultades y luchas se desvanecían. Mi hija estaba a punto de empezar un nuevo capítulo que le supondría un reto personal y profesional. La Facultad de Odontología de Georgia en la Universidad de Augusta no era para pusilánimes, pero crié a mi hija con la idea de que nunca renunciara a sus sueños.

Estar lejos de nuestra hija fue una experiencia difícil para nuestra familia. La distancia de dos horas entre nuestra casa y la Facultad de Odontología significaba que mi esposa y yo no podíamos verla tan a menudo como queríamos. Echábamos de menos su presencia en nuestra vida cotidiana, y el vacío nos recordaba constantemente nuestros sacrificios por su educación. Sin embargo, sabíamos que esta separación temporal era necesaria para su crecimiento y su éxito. Seguíamos en contacto por teléfono, pero nada podía sustituir la sensación de tenerla en casa.

Licencia de negocio de joyería de mi esposa después de su terapia física de 12 meses después de la cirugía.

Durante este tiempo, mi esposa se había recuperado de su operación del hombro, pero el médico aún no le había dado el visto bueno para levantar objetos pesados. Se le pidió evitar de levantar cosas pesadas ya que los tendones del hombro que se habían reparado podían volverse a dañar causando una grave lesión a las articulaciones y manguito rotador del hombro. Sin embargo, mi esposa no dejó que sus limitaciones le impidieran poner en marcha su propio negocio. Puso a trabajar su creatividad, abrió una joyería y utilizó su destreza manual para elaborar joyas delicadas y hermosas. Este empeño empresarial le permitió visitar a nuestra hija los fines de semana, asegurándose de que se sintiera apoyada a pesar de la distancia.

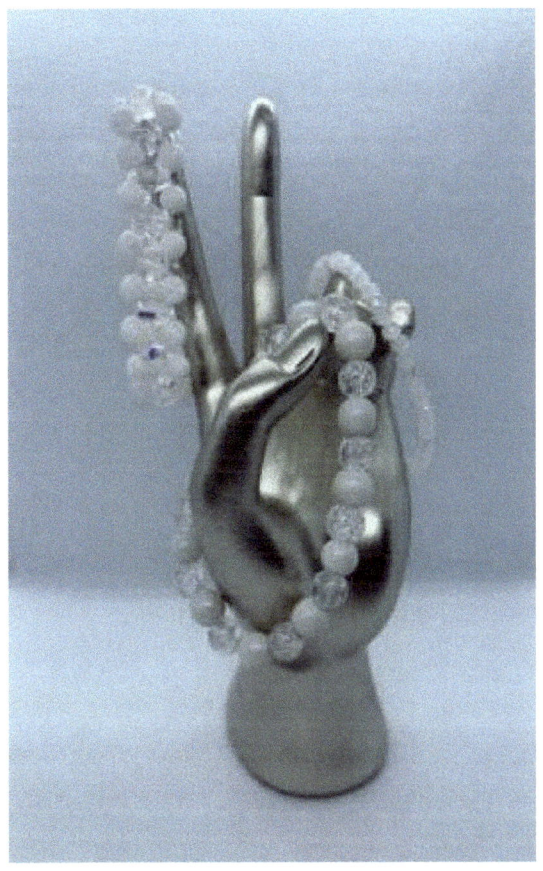

Muestra de joyería hecha por mi esposa después de 12 meses de fisioterapia postoperatoria.

Mi corazón anhelaba acompañar a mi esposa en sus visitas, pero la mayor parte de mi tiempo lo dedicaba a dirigir mi negocio, Handyman Services. Trabajaba duro para ganar dinero para mi familia y poder mantenerlos y darles el apoyo que necesitaban.

Dedicarse a la odontología era todo lo que mi hija deseaba. Aun así, había momentos en los que la presión por absorber grandes cantidades de conocimientos, dominar habilidades complejas y cumplir plazos exigentes resultaba abrumadora.

Convertirse en dentista era un viaje educativo exigente y

riguroso que requería una inmensa dedicación y trabajo arduo. El programa de cuatro años se diseñó para proveer a los estudiantes de los conocimientos, habilidades y experiencia necesarios para convertirse en profesionales de la Odontología competentes y compasivos. El plan de estudios incluía varias asignaturas, como anatomía, bioquímica, farmacología y odontología clínica. Los estudiantes pasaban incontables horas estudiando, asistiendo a conferencias y practicando habilidades clínicas en laboratorios de simulación y en entornos reales.

Recuerdo vívidamente el día en que la carga de los estudios abrumó de estrés a mi hija. La llamé y se desahogó conmigo en busca de consejo. Le animé y recordé que podía conseguir todo lo que se propusiera infundiéndole valor, coraje y fe en nuestro Padre Celestial. Le dije que el Espíritu Santo la guiaría a través de los arduos desafíos de la facultad de Odontología, y que pronto sería capaz de superar las pruebas y tribulaciones con facilidad.

Con el tiempo, mi hija aprendió a aceptar la complejidad de la odontología y a disfrutar de las complejidades del oficio. El peso de la responsabilidad, el miedo a cometer errores y lo mucho que estaba en juego en la atención al paciente alimentaron su pasión por sobresalir, impulsándola a superar el cansancio y las dudas. En esos momentos, se dio cuenta de que estaba exactamente donde debía estar y de que su sueño de convertirse en dentista estaba a su alcance.

La graduación de nuestra hija como Odontóloga General.

Después de cuatro años de camino lleno de retos, mi hija por fin se graduó como Odontóloga General: su graduación fue el momento más bonito y emocionante de nuestras vidas.

Estábamos inmensamente orgullosos de sus logros educativos, sabiendo lo duro que había trabajado para abrirse camino hasta la cima. Su éxito se parecía al mío, ya que veía mis sueños cumplidos a través de sus logros. Aunque me había enfrentado a muchos obstáculos que me impedían ser dentista general, mi hija había conquistado el sueño de ambos.

El logro del título de Odontología de mi hija reavivó mis aspiraciones y vi un nuevo camino para nuestra familia. Con mi licenciatura en biología y su experiencia en odontología, podíamos combinar nuestras habilidades para contribuir a futuras prácticas odontológicas. La pasión de nuestro sueño compartido de trabajar en el campo de la odontología floreció y empezamos a imaginar un futuro en el que podríamos trabajar juntos para construir una clínica dental de éxito.

Me di cuenta de que la experiencia y los recursos financieros que yo había acumulado como constructor, remodelador y reparador de viviendas podían canalizarse para establecer su primera clínica dental. Con el tiempo, esta fundación podría convertirse en una cadena de clínicas dentales, haciendo realidad el sueño de nuestra familia de construir un imperio económico en el campo de la odontología.

Al mirar al futuro, nuestras ambiciones iban más allá de los límites de nuestro hogar. Estábamos decididos a crear un legado que sirviera a nuestra comunidad e inspirara a otros a perseguir sus sueños.

Capítulo 8: Reflexiones sobre la familia, la educación y la vida

Reflexionando sobre mi viaje de Perú a Estados Unidos, el recuerdo más dulce de mi vida fue estudiar la carrera de biología con mi hija en Georgia State University.

Desde pasar horas con diligencia hasta memorizar apuntes y graduarnos juntos, cada día estaba lleno de gratitud y aventura.

Estudiar ciencias biológicas como dúo de padre e hija fue una experiencia extraordinaria e inolvidable que estrechó nuestros lazos y fortaleció nuestra familia.

Todos los días, de lunes a viernes, íbamos juntos a la universidad. Nos turnábamos para conducir hasta la universidad, deseosos de perseguir nuestros sueños. Mi hija y yo asistíamos a las mismas clases que impartían los mismos profesores. Incluso teníamos amigos comunes.

Si hubiera revelado mi relación paternal con mi hija, nos habríamos convertido en el centro de atención en la universidad. Yo quería que mi hija viviera la universidad como cualquier otra estudiante en lugar de ser objeto de una atención indebida. Decidimos no revelar nuestra relación paterno-filial a nuestros compañeros ni a los profesores para evitar esos posibles inconvenientes. Eso nos permitió forjar nuestras amistades y grupos de estudio mientras disfrutábamos de un vínculo único y privado que sólo nosotros entendíamos.

Nuestros días estaban llenos de apoyo mutuo y aprendizaje compartido. Estudiábamos juntos en la biblioteca de la universidad y en casa, cada uno enseñando al otro en las áreas en las que destacábamos. Nuestra dinámica como compañeros de estudio era perfecta, respetando los papeles de padre e hija al tiempo que funcionábamos como iguales en nuestras actividades académicas. A pesar de mantener nuestros círculos sociales en la escuela, siempre volvíamos a reunirnos como padre e hija para comer y volver a casa.

Me llenaba de orgullo cuando pasábamos horas juntos estudiando para los exámenes. Nada podía superar la sensación de saber que éramos estudiantes de alto rendimiento y que podíamos sacar buenas notas trabajando duro. La búsqueda compartida del conocimiento y el crecimiento nos impulsaba a seguir avanzando hacia nuestros sueños y nos ayudaba a superar cualquier obstáculo que se nos presentara.

Tras cuatro años de duro trabajo y dedicación, por fin llegó la ceremonia de graduación de nuestra facultad interna, ¡y no podíamos estar más emocionados! El día de la graduación marcó la culminación de nuestros esfuerzos compartidos y celebró los lazos inquebrantables que formamos.

Mientras hacíamos cola para ser reconocidos, mi hija se acercó al funcionario de la ceremonia y le susurró que el siguiente graduado era su padre. No tenía ni idea de que lo había hecho hasta que pronunciaron mi nombre.

Mi corazón se llenó de orgullo al ver a mi hija recibir su título de biología. Entonces, mientras ella pasaba, el funcionario anunció mi nombre. Me había graduado con distinción de honor, Magna Cum Laude, ¡ no me lo podía creer!

Antes de que pudiera asimilar este prestigioso momento, el presentador anunció a la audiencia que yo era el padre de la graduada anterior. Todos los presentes se dieron cuenta de nuestro singular "vínculo padre-hija" y el público estalló en aplausos.

La avalancha de felicitaciones y admiración de mis compañeros de promoción, mi familia y mis amigos fue abrumadora y marcó uno de los momentos más emocionantes de nuestras vidas. Todos nuestros conocidos se quedaron sin palabras; no podían creer que mi hija y yo nos hubiéramos graduado juntos con inmensa gracia.

Mi dedicación a la educación y al arduo trabajo estaba profundamente arraigada en el ejemplo que me dieron mis padres. Al crecer en Perú, mi padre trabajó incansablemente y cursó estudios superiores, graduándose como profesor de filosofía y ciencias sociales. Mi madre cuidó de nosotros cuando éramos pequeños y siguió estudiando hasta convertirse en una experta modista. Los sacrificios y el compromiso de mis padres me inculcaron el valor de dedicarse a estudiar y trabajar diligentemente para cubrir las necesidades económicas de la familia. Por eso, siempre he creído en la importancia de la educación para superar retos, ganar seguridad y respeto.

A lo largo de mi vida, he compaginado los estudios, la administración de las responsabilidades económicas, el trabajo de reparador de viviendas y el tiempo que pasaba con mi familia. Me di cuenta de que alcanzar los objetivos que uno se propone requiere adaptarse a un estilo de vida equilibrado, así que prioricé conscientemente mi tiempo, distribuyéndolo sabiamente entre los estudios, el trabajo, la familia y el disfrute personal. Este enfoque equilibrado me enseñó que un estilo de vida sano no sólo consiste en alcanzar el éxito, sino también en cultivar las relaciones, fomentar el crecimiento personal y encontrar la alegría en los pequeños momentos.

Ninguno de mis sueños habría sido posible sin el apoyo incondicional de mi esposa. Ella compartió las responsabilidades que se nos presentaron y me animó a seguir las ideas que yo había imaginado. A lo largo de nuestra vida, hemos dedicado tiempo a viajar, hemos explorado Perú y varias partes de Estados Unidos, y hemos creado recuerdos que han reforzado nuestros lazos y ampliado nuestras perspectivas.

A pesar de las dificultades económicas ocasionales, nuestra resistencia en tiempos difíciles y nuestros hábitos de ahorro nos permitieron estar preparados para afrontar los retos de la vida. Esta estabilidad nos permitió apoyar las aspiraciones educativas de nuestros hijos y ser testigos de sus notables logros. Nuestros esfuerzos compartidos han dejado un impacto duradero en sus vidas personales y profesionales.

Mi hijo trabaja actualmente como científico biomédico y cursa un máster. Aspira a continuar su doctorado en análisis de datos científicos una vez finalizado el máster. En cuanto a su vida personal, se casó en 2020 y ha comprado una casa de 3 pisos con su esposa. Ella es científica alimentaria de profesión y le entusiasma trabajar en este campo. Mi nuera está esperando el primer hijo de ellos, una niña, ¡ y estamos impacientes por dar la bienvenida a nuestra nieta en 2024!

Mientras tanto, mi hija es una exitosa dentista general y se casó con un ingeniero informático en 2023. También ella dará la bienvenida al primer hijo de ellos, una niña, ¡ y estamos emocionados de dar la bienvenida a nuestra otra nieta en 2024! Ella planea abrir su consultorio dental relativamente pronto, en 2025.

Los éxitos de mis hijos reflejan el legado educativo que mis padres me transmitieron, el cual yo les he pasado a mis hijos.

Nuestra trayectoria ha inspirado a nuestros familiares y allegados a seguir carreras de enfermería y otras carreras profesionales.

Por la gracia de Dios, el efecto dominó de nuestro compromiso con la educación y el arduo trabajo seguirá influyendo en las generaciones venideras.

Estoy profundamente agradecido a mi Padre Celestial por haberme guiado hasta los Estados Unidos, por la oportunidad de aprender inglés, por mis logros profesionales en biología y por el respeto que me he ganado en este bendito país.

Agradezco todas las bendiciones que han hecho de mí y de mi familia lo que somos hoy.

Conclusiones: De lo personal a lo público

Varios factores me impulsaron a compartir con el público mi vida personal o una historia inspiradora, aunque contenga alegrías y tristezas, logros y obstáculos, risas y lágrimas, y errores y lecciones aprendidas.

A lo largo de mi vida, descubrí cómo afrontar los obstáculos de la vida con valentía, sagacidad, modestia y afecto.

Un empeño personal que emprendí fue desarrollarme diligentemente en los siguientes papeles: un padre devoto para mis hijos, un cónyuge ejemplar que aprecia y honra a su esposa, un hijo fiable que atiende las necesidades de sus padres, un abuelo considerado para mis futuros nietos y un modelo para toda mi generación.

Aunque reconozco que no he alcanzado la perfección, me satisfacen mis contribuciones positivas a mi familia. Dejar un legado educativo para toda mi generación me llena de la mayor satisfacción.

Tengo la intensa aspiración de motivar a las personas para que se comprometan en tareas constructivas que tengan el potencial de revolucionar tanto nuestras localidades como la comunidad mundial.

A quienes lean esto, quiero transmitirles un sincero mensaje de ánimo: persigan la educación superior, afronten los retos de la vida de frente y nunca renuncien a sus sueños.

He compartido mis experiencias personales no sólo para contar mi historia, sino para inspirar a otros a hablar abiertamente sobre sus propios desafíos y dificultades.

Si yo puedo superar la adversidad y alcanzar mis sueños, tú también puedes.

Aunque mi objetivo inicial era graduarme en Odontología junto a mi hija, los retos de la vida me obligaron a dar prioridad al bienestar de mis hijos y mi esposa sobre mis intereses. No obstante, completé mis estudios postsecundarios.

Como biólogo, estoy contento con mi profesión porque me proporciona estabilidad y perspectivas de empleo en cualquier lugar; de hecho, hay una demanda perpetua de personas con formación académica.

Además, poseer un título universitario como profesional aporta credibilidad y respeto social. Permite que las autoridades competentes nos traten con dignidad y atiendan con diligencia nuestras necesidades. La educación infunde un sentimiento de pertenencia y pone de relieve nuestra importancia en la sociedad.

Este reconocimiento y apoyo me han motivado para seguir superando límites y esforzarme por alcanzar la excelencia en mi trabajo. Me enorgullece formar parte de una comunidad que valora y respeta las contribuciones de sus miembros.

El prestigio nos permite afrontar todos los retos de la vida con seguridad, habilidad, sabiduría y cautela. Fomenta sentimientos de seguridad y alta estima.

Por esta razón, deseo inspirar a los adultos jóvenes, a los adultos de mediana edad y a los adultos tardíos que no pudieron asistir a la universidad a seguir una carrera académica que aumente su confianza y sus perspectivas financieras. No hay límite para tus sueños, y la edad no es una barrera.

Los beneficios de la educación superior son infinitos, pero lo más importante es que la excelencia académica le ayudará a influir en sus hijos y en su familia para que tomen decisiones que les sirvan en el futuro, garantizando su seguridad y prosperidad económicas.

Dando ejemplo y demostrando los beneficios de los logros académicos, puede influir positivamente en las futuras generaciones de su familia. Su decisión de cursar estudios superiores puede allanar el camino hacia un futuro más seguro y próspero para usted y sus seres queridos.

Cuando revelé mis logros académicos y mis historias llenas de positividad a mis amigos y vecinos, recibí cumplidos que describían mis momentos de inspiración en la vida como notables, ejemplares y verdaderamente únicos.

Sorprendentemente, mis conocidos y vecinos me recomendaron que difundiera mi relato al público en general para inspirar y motivar a personas de todo el mundo a cursar estudios superiores y fortalecer los lazos familiares.

Contemplé la posibilidad de compartir mis experiencias personales con el mundo, y un día, mientras volvía a casa de la universidad por la autopista, me encontré con un carro de policía que me perseguía. Las luces del coche se encendieron y me obligaron a parar.

El oficial de policía me preguntó de dónde venía y me dijo que había sobrepasado el límite de velocidad en veinticinco kilómetros. Le dije que volvía a casa de Georgia State University.

Me preguntó qué estaba estudiando y, tras una conversación de diez minutos sobre mis actividades universitarias, incluyendo mi papel de compañero de estudios de mi hija, ¡se quedó estupefacto!

El agente me sugirió que compartiera mi historia educativa con el mundo. Al final, me puso una advertencia en lugar de una multa por exceso de velocidad. No me lo podía creer.

Los comentarios abrumadoramente positivos que recibí tras compartir mi motivadora historia con los demás me llevaron a considerar la posibilidad de escribir un libro sobre mi vida. Al final opté por ampliar mi libro para aumentar su exposición a un público nacional e internacional.

Desde que nació mi hija, mi deber fue velar por su seguridad y bienestar, inculcándole un sentimiento de seguridad que la animara hacia el autodesarrollo. Me he esforzado por enseñar a mi hija resiliencia y perseverancia ante los retos. Estas cualidades la han ayudado a superar los obstáculos de la vida con confianza y gracia.

Nuestra experiencia académica compartida es mi forma de demostrarle mi amor incondicional. Demuestra que mi inquebrantable apoyo emocional fortalece la vida de mi hija.

Creo que, como padre, me corresponde actuar como un ejemplo, impartiendo profundas lecciones de vida, estableciendo valores fundamentales y capacitando a mis hijos para afrontar las pruebas y tribulaciones que surjan.

Cuando mis hijos cursaban el último año de la escuela secundaria, les apoyé y aconsejé que tomaran sus propias decisiones para determinar sus aspiraciones.

Serví de modelo participando activamente en el crecimiento y desarrollo de mis hijos, ayudando a establecer una base sólida para sus conexiones interpersonales y contribuyendo a cultivar en ellos una inteligencia emocional positiva.

Los logros de mi hija son prueba de mi influencia positiva en su desarrollo personal y su éxito académico. Se graduó conmigo en Georgia State University y confiaba plenamente en su capacidad para tener éxito en la universidad. Más tarde, en mayo de 2021, obtuvo el título de odontóloga general en el Dental College of Georgia. Estoy orgulloso de haberla convertido en la mujer segura de sí misma y capaz que es hoy.

Además, mi papel de apoyo como padre benefició a la autosuficiencia y confianza personal de mi hijo. Estoy orgulloso de haberle convertido en la persona segura de sí misma que es hoy.

Al reflexionar sobre el camino que me ha llevado hasta aquí, me siento lleno de gratitud y metas realizadas.

El camino no ha estado exento de dificultades. Sin embargo, gracias a la perseverancia, la fe y el amor y el apoyo inquebrantables de mi familia, he superado la adversidad y alcanzado un éxito notable.

Mi historia habla del increíble poder de la educación, de la fuerza que sacamos de nuestras familias y de cómo la vida puede cambiar a mejor cuando perseguimos diligentemente nuestros sueños. Quiero compartir mi viaje para inspirar a otros, especialmente a los jóvenes, a cursar estudios superiores y atesorar los preciosos lazos que unen a sus familias.

Espero que mis experiencias puedan iluminar el camino de otros, mostrándoles que el futuro ofrece infinitas posibilidades y la oportunidad de alcanzar todo el potencial de cada uno. Incluso con mis defectos, me siento humilde por el impacto positivo que he tenido en mis seres queridos, y esto me motiva a seguir marcando una diferencia significativa en sus vidas.

***Este es mi legado*—** *una que espero que resuene a través de las generaciones, trascienda en el tiempo e inspire a otros a alcanzar la grandeza.*

Mi hijo trabajando como un científico biomédico en el campo de la Ciencia Biomédica

Pasando un buen tiempo en Disney World, en Orlando (Florida), con mi familia. Me aseguré de que nos enfocamos en la educación y en proporcionar a nuestros hijos la mejor infancia.

Lima, Perú

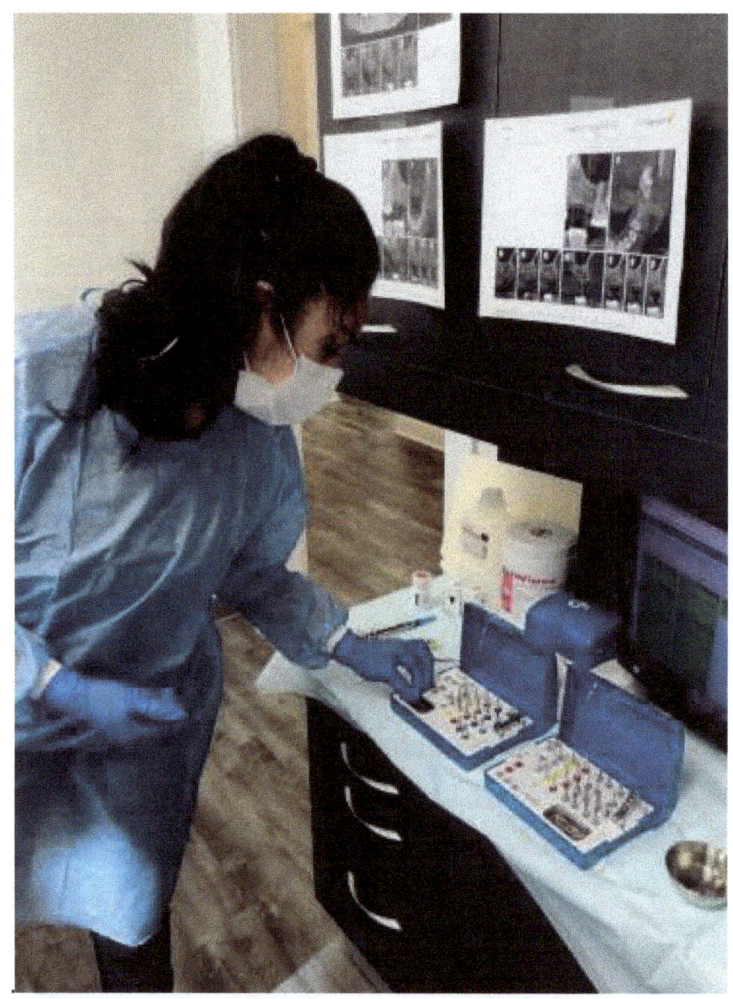

Mi hija, trabajando como dentista general. Este es un ejemplo del impacto duradero de mi dedicación en las aspiraciones educativas de la familia (legado perdurable).

Disney World en Orlando, Florida.

www.ingramcontent.com/pod-product-compliance
Lightning Source LLC
Chambersburg PA
CBHW051551120626
46551CB00013B/1472